Shaolin Qin Na
Sawah Kuen

Chinesische Selbstverteidigung

von

Diplom-Sozialökonom
Stefan Wahle
6. DAN Ju-Jutsu
Lehrer für Qigong
lizenzierter Fitnesstrainer

akkreditiert bei: www.trainerregister.de

Impressum

©2012, 2016 copyright by Stefan Wahle, Hamburg

1. Auflage 2012

2. Auflage 2016

Autor: Stefan Wahle

E-Mail: info@sw-sportbuch.de

Internet: www.sw-sportbuch.de

Fan-Page von Stefan Wahle bei Facebook.com:
http://www.facebook.com/Stefan.Wahle.Autor

Verlag und Herstellung:
BoD - Books on Demand, Norderstedt

ISBN: 978-3-8482-0332-1

Offizielles Lehrbuch

der

Sawah® Qigong und Taijiquan Gesellschaft

®

www.sawah-qigong.de

www.facebook.com/SawahQigong

www.sw-sportbuch.de

Inhaltsverzeichnis

1. Einführung

Shaolin Qin Na (oder auch Shaolin Chin Na) könnte man frei übersetzt als chinesische Selbstverteidigung bezeichnen. Dabei gibt es auch hier viele unterschiedliche Stile und Ausprägungen. Das Ihnen vorliegende Buch beschäftigt sich mit dem Sawah Kuen und ist ein offizielles Lehrbuch der Sawah Qigong und Taijiquan Gesellschaft.

Der klare Schwerpunkt der chinesischen Selbstverteidigung liegt auf der Anwendung von Hebeltechniken. Bei Kontaktangriffen wird zunächst der Widerstand durch eine Schocktechnik gebrochen, der Gegner ins Ungleichgewicht gebracht und dann ein Hebel angesetzt. Die Stärke des Hebels kann dabei entsprechend der Gegenwehr des Angreifers dosiert werden und endet maximal mit Zerstörung eines Gelenkes oder Knochens. Der Gegner wird durch Schmerzen gesteuert. Diese Ausübung von Kontrolle ist das Besondere im Gegensatz zum Boxen, Kick Boxen oder dergleichen Kampfsportarten.
Bei kontaktlosen Angriffen erfolgt die Aufnahme der Schlagenergie durch kreisende Fege-/Blockbewegungen mit den Armen und Händen sowie in Verbindung mit Schrittbewegungen. Am Ende stehen aber auch hier eine Hebeltechnik und die damit verbundene Kontrollausübung über den Aggressor.

Wir beginnen in diesem Buch mit den Grundstellungen. Darauf aufbauend folgt die Bewegungslehre, die sehr wichtig für die Selbstverteidigung und insbesondere für die optimale Ausführung der Hebeltechniken ist. Dann werden die wichtigsten Schocktechniken vorgestellt, die den Gegner für alles Weitere vorbereiten und dann geht es auch schon an die Vorstellung der verschiedenen Hebel anhand beispielhafter Angriffe. Dabei werden die Prinzipien derart vermittelt, dass die Hebeltechniken auch gegen andere Angriffe angewandt werden können.

Zum Abschluss erfolgt noch eine obligatorische Kurzunterweisung in die rechtlichen Rahmenbedingungen zum Thema Notwehr in Deutschland, die bei der Anwendung von Selbstverteidigungstechniken jeglicher Art beachtet werden müssen und schlussendlich werden noch die Sawah Qigong und Taijiquan Gesellschaft sowie der Autor und einige seiner sonstigen Veröffentlichungen vorgestellt.

Ein Lehrbuch kann natürlich niemals das Training mit einem Partner unter Anleitung eines qualifizierten Trainers ersetzen. Es kann jedoch als erster Einstieg und als unterrichtsbegleitendes Lehrmaterial sehr nützlich sein. Und denken Sie immer daran, vieles beginnt im Kopf und wird auch dort entschieden.

Viel Spaß und Erfolg beim Üben!

2.   Grundstellungen

2.1.   Boxerstellung

1   2

In der Boxerstellung stehen die Füße diagonal versetzt, etwa schulterbreit und eine Schrittlänge auseinander. Die Zehen zeigen jeweils nach vorne. Der vordere Fuß wird mit der gesamten Fußsohle, der hintere nur mit dem Fußballen aufgesetzt. Das ermöglicht einen schnellen Angriff nach vorne, indem man sich mit dem hinteren Fuß abstoßen kann. Die Knie sind leicht gebeugt. Das Körpergewicht verteilt sich gleichmäßig auf beide Beine.

Die Arme sind mit geballten Fäusten zur Deckung des Oberkörpers angehoben. Der Rücken ist leicht gekrümmt, die Schultern angehoben und der Kopf eingezogen, um dem Gegner eine möglichst kleire Angriffsfläche zu bieten.
Die Boxerstellung ist eine sehr bewegliche und geschmeidige Stellung.

2.2. Aktionsstellung

3   4

Bei der Aktionsstellung stehen die Füße einen großen Schritt diagonal auseinander, wobei die Zehen nach vorne gerichtet sind. Das vordere Bein ist im Knie 135° angewinkelt und trägt 60% des Körpergewichtes. Beide Fußsohlen liegen komplett auf.

Das hintere Bein ist gestreckt und trägt 40% des Gewichtes.
Der Oberkörper ist aufrecht und frontal zum Gegner gerichtet.

Diese Stellung ist auf der einen Seite sehr stabil und bietet eine optimale Kraftübertragung bei einigen Techniken, ist aber auf der anderen Seite auch sehr unbeweglich. Daher wird sie in der Regel nur für kurze Zeit eingenommen, um eine Abwehr oder einen Angriff vorzunehmen. Danach wird dann wieder in eine flexiblere Stellung gewechselt.

2.3. Verteidigungsstellung

5   6

Bei der Verteidigungsstellung wird der vordere Fuß eine Schrittlänge nach vorne gestellt. Die Zehen zeigen nach vorne. Der hintere Fuß wird in einem 90°-Winkel ausgerichtet, wobei die Zehen nach außen zeigen. Die Fersen stehen nahezu auf einer Linie. Beide Knie sind leicht gebeugt, das hintere dabei ein wenig mehr. Das hintere Bein wir mit 70% und das vordere Bein mit 30% des Körpergewichtes belastet. Der Oberkörper ist aufgerichtet. Die Hände werden leicht zur Deckung vor dem Körper angehoben und sind dabei zwanglos geöffnet.

Da das vordere Bein nur leicht belastet wird, kann es schnell angehoben und für einen Fußtritt vorwärts verwendet werden, um einen Angreifer zu stoppen. Ebenso kann es mit einem Schienbeinblock zur Abwehr eines Fußangriffs dienen.

2.4.   Seitliche neutrale Kampfstellung

7   8 seitliche Ansicht von Bild 7

Die Füße stehen parallel etwas mehr als schulterbreit auseinander. Die Zehen sind zur Seite gerichtet. Die Knie sind leicht gebeugt. Das Körpergewicht ist gleichmäßig auf beide Beine verteilt.

Die Schmalseite des Körpers zeigt zum Gegner nach vorne, der Oberkörper ist aufgerichtet.

Die Hände werden leicht zur Deckung vor dem Körper angehoben und sind dabei zwanglos geöffnet.

Diese Stellung ist besonders zur Ausführung seitlicher Techniken geeignet (z.B. Ellenbogenstoß seitwärts, Fußstoß seitwärts).

2.5. Reiterstellung

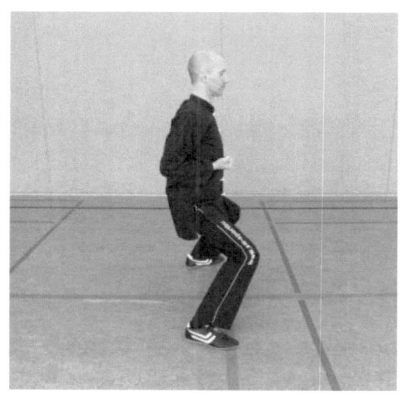

9   10

Bei der Reiterstellung stehen die Füße mit nahezu doppelter Schulterbreite auseinander und die Zehen zeigen nach vorne. Die Knie sind stark gebeugt. Das Körpergewicht ist gleichmäßig auf beide Beine verteilt. Der Körperschwerpunkt wird tief abgesenkt.

Der Rücken ist gerade, der Hals gestreckt und der Blick nach vorne gerichtet.

Diese Stellung ist sehr unbeweglich. Sie wird zur Durchführung einiger Techniken benötigt und nur für diese eingenommen (siehe z.B. Bauchstreckhebel auf Seite 64). Aufgrund der Eigengefährdung stehen wir einem Gegner in dieser Stellung niemals frontal gegenüber!

3. Bewegungslehre
3.1. Gleiten

Wir stehen in der Verteidigungsstellung, linke Auslage. Beachten Sie die Bodenlinien auf den Fotos, um die Bewegung besser nachvollziehen zu können.

11

Der rechte, hintere Fuß gleitet auf dem Boden an den vorderen heran. Der Blick bleibt stets auf den Gegner nach vorne gerichtet. Die Hände sind zur Deckung angehoben. Die Kniebeugung ist beizubehalten.

12

Der vordere, linke Fuß wird einen Schritt nach vorne gesetzt. Nun befinden wir uns wieder in der ursprünglichen Verteidigungsstellung. Auch ein Gleiten rückwärts ist möglich, dann werden die Füße in umgekehrter Reihenfolge bewegt.

13

3.2. Auslagewechsel

14   15

16   17

Beim Auslagewechsel dient der vordere Fuß als Drehpunkt. Der hintere Fuß wird eng am Boden in einer Halbkreisbewegung nach vorne geschwungen, in der Endposition zeigen die Zehen nach vorne. Der Drehpunktfuß wird mit Zehen zur Seite eingedreht. Ist der Auslagewechsel vollzogen, ist der Oberkörper zur anderen Seite gewendet, die Hände haben ihre Position vertauscht. (Bilder 14-15 von vorne; 16-17 von der Seite)

3.3. Übersetzen

Ausgangsposition ist die Verteidigungsstellung. Das Körpergewicht wird auf das vordere Bein verlagert und der hinter Fuß angehoben.

18

Ohne die Auslage zu verändern wird der hintere Fuß unter Beibehaltung der Zehenstellung vor den vorderen Fuß gesetzt. Dann wird das Körpergewicht auf den nach vorne gesetzten Fuß belastet.

19

Der linke, entlastete Fuß wird einen Schritt nach vorne gesetzt. Die Fortbewegung durch Übersetzen kann nach vorne und hinten durchgeführt werden.

20

3.4. Körperabdrehen

Körperabdrehen ist eine schnelle Ausweichbewegung des Oberkörpers bei einem frontalen Angriff. Die Fußstellung wird nur minimal verändert. Das macht eine schnellere Reaktion möglich und ist besonders geeignet bei Überraschungsangriffen.

21

Der Oberkörper wird aus der Angriffslinie gebracht, indem er nach hinten gelehnt und seitlich eingedreht wird. Der vordere Fuß wird leicht mitgedreht. Begleitet wird die Ausweichbewegung durch ein Handfegen mit der vorderen Hand.

22

Nicht ganz so effektiv, aber auch möglich, ist ein Körperabdrehen in die andere Richtung bei gleicher Auslage.

23

3.5. Schrittdrehung 90° nach innen und außen

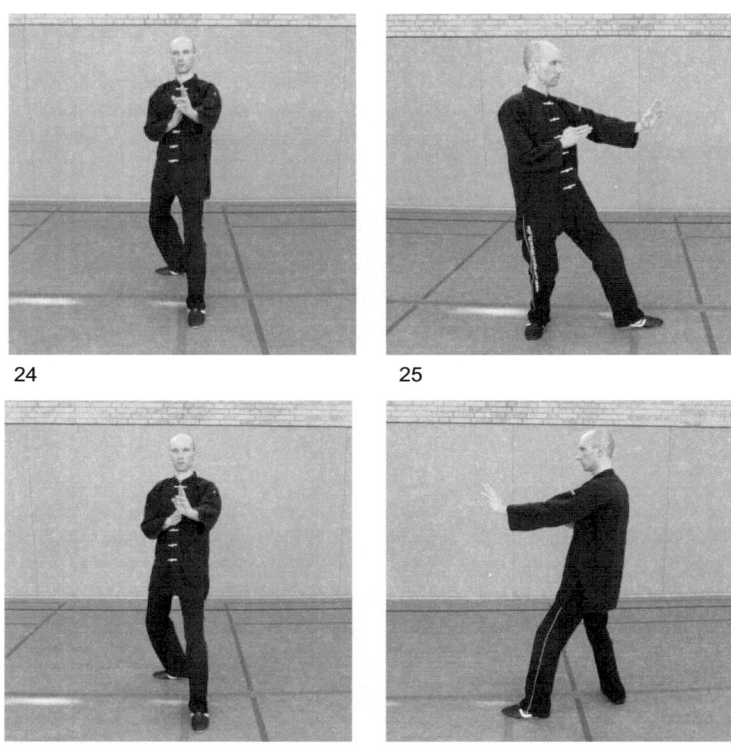

24   25

26   27

Drehpunkt für die Schrittdrehung 90° ist immer der vordere Fuß. Die Bilder 24-25 zeigen die Schrittdrehung nach innen. Dabei wurde der hintere Fuß um 90° nach rechts-vorne versetzt.

Die Bilder 26-27 zeigen die Schrittdrehung nach außen. Dabei wurde der hintere Fuß um 90° nach links-rückwärts versetzt.

Diese Schrittdrehung ermöglicht es dem Verteidiger, sich aus einem Angriff herauszudrehen.

3.6. <u>Doppelschrittdrehung 90° und 180°</u>

Wir beginnen mit der Doppelschrittdrehung 90° in der frontalen Darstellung.
Das Körpergewicht wird auf den vorderen, linken Fuß verlagert, um das hintere Bein vom Boden anheben zu können.

28

Der hintere Fuß wird dicht am Boden in einem Halbkreis nach vorne geschwungen und nahezu quer vor dem linken Fuß abgesetzt. Er dient nun als Drehpunkt und wird mit dem Körpergewicht belastet.

29

Nun wird der linke Fuß dicht am Boden in einem Viertelkreis nach rechts bewegt und abgesetzt.

30

21

Nun kommen wir zur Doppelschrittdrehung 180° in der seitlichen Darstellung.

Das Körpergewicht wird auf das vordere, linke Bein verlagert, um das hintere, rechte Bein anheben zu können.

31

Der rechte Fuß wird in einem Halbkreis dicht am Boden nach vorne vor den linken Fuß nahezu quer abgesetzt und dann mit dem Körpergewicht belastet und folgend als Drehpunkt verwendet.

32

Das linke Bein wird in einem Halbkreis 180° rückwärtig herumgeschwungen und in die Verteidigungsstellung abgesetzt. Diese Doppelschrittdrehung wird verwendet, um die Angriffsenergie des Gegners aufzunehmen und weiterzuleiten.

33

3.7.   Wenden nach allen Seiten

Erfolgt der Angriff aus einer anderen Richtung als zunächst angenommen oder werden wir von mehreren Personen angegriffen. müssen wir uns eventuell in eine andere Richtung wenden. Ein „normales" Umdrehen würde zu lange dauern und könnte uns aus dem Gleichgewicht bringen. Beachten Sie die Bodenlinien, um die Bewegungen besser nachvollziehen zu können.

34   35

Auf den Bildern 34 - 35 erfolgt eine Wendung nach rechts. Der linke, vordere Fuß verändert seine Stellung nicht und wird zunächst mit dem Körpergewicht belastet, um den rechten, hinteren Fuß in einem 90°-Winkel nach rechts abzusetzen. Dabei werden die Auslage und die Position der Hände gewechselt.

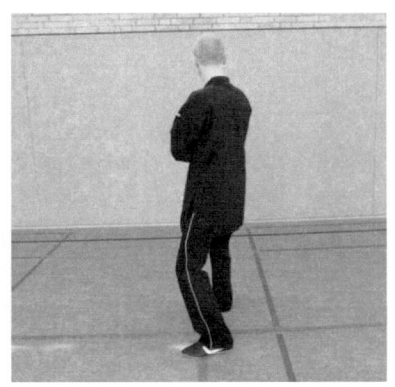

36   37

Müssen wir uns um 180° nach hinten wenden, werden
beide Fersen als Drehpunkte verwendet und die Füße
um 90° gedreht. Der Oberkörper dreht mit und die
Auslage und Position der Hände wird gewechselt. (36-37)

38   39

Bei der Wendung nach links wird der hintere, rechte Fuß
als Drehpunkt verwendet und das linke vordere Bein um
90° nach links versetzt. Die Auslage und Position der
Hände werden hier beibehalten. Der hintere Fuß dreht
um 90° auf der Stelle mit. (Bilder 38 - 39)

3.8.   <u>Ausfallschritte</u>

Ausfallschritte dienen dem Ausweichen eines Angriffes.

40   41

Ausfallschritt nach vorne-links: Abstoßen mit dem Fußballen des rechten hinteren Fußes, linken Fuß nach vorne links absetzen und den hinteren, rechten Fuß hinterher ziehen. (Bilder 40 - 41)

42   43

Ausfallschritt nach hinten-rechts: Abstoßen mit dem linken Fuß, rechten Fuß nach hinten-rechts absetzen und den vorderen, linken Fuß hinterher ziehen. (Bilder 42 - 43)

44   45

Ausfallschritt zur Seite rechts: Abstoßen mit dem rechten, hinteren Fuß, dann vorderen linken Fuß belasten, abstoßen, das rechte, hintere Bein 90° nach rechts setzen, belasten und linken Fuß zur Seite nachziehen. (Bilder 44 - 45)

46   47

Ausfallschritt nach hinten-links mit Auslagewechsel: Mit linken Fuß abstoßen und diesen einen Schritt nach hinten-links absetzen, den rechten Fuß nachziehen. (Bilder 46- 47)

4. Schocktechniken

Schocktechniken (auch „Weichspültechniken" genannt) sind Schlag-, Stoß- und Tritt-Techniken, mit denen der Widerstand des Angreifers gebrochen werden soll, um als Folgetechnik einen Hebel ansetzen zu können. Nachfolgend werden elf mögliche Schocktechniken vorgestellt, die dann später unter Gliederungspunkt 5. ab Seite 39ff. Verwendung finden. Natürlich gibt es noch eine Vielzahl weiterer Schocktechniken, deren Anwendung als Vorbereitung möglich ist.

4.1. Handballenstoß

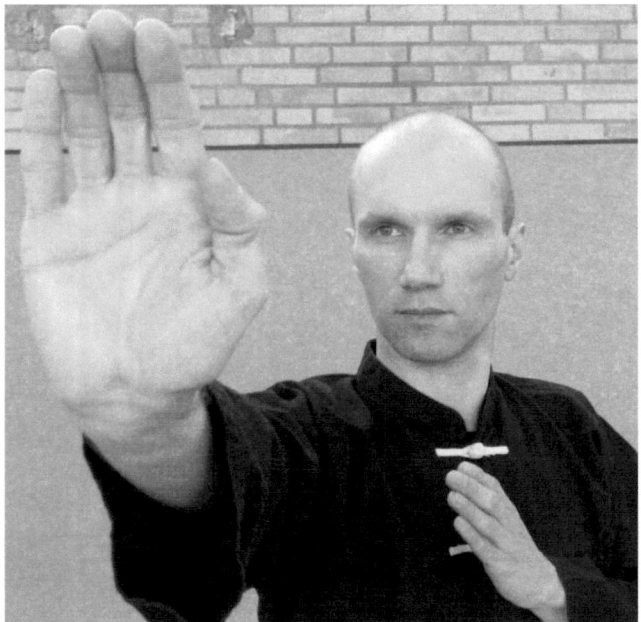

48

Bei allen Handballentechniken ist die Hand geöffnet, die Finger liegen eng zusammen, der Daumen ist angelegt und die Fingerspitzen sind leicht gekrümmt, um eine gewisse Spannung in der Hand zu erreichen. Auftreff-Fläche ist der Handballen.

Durch Streckung des Ellenbogens wird die Hand in einer geraden Linie nach vorne ins Ziel gestoßen. Dabei wird der Arm so eingedreht, dass die Handinnenfläche mit dem Handballen nach vorne zeigt. Der Kraftimpuls kommt aus einer Eindrehbewegung der Hüfte, eingeleitet durch die Streckung des hinteren, rechten Beines. Die linke Hand wird im Rahmen einer Gegenzugbewegung an den Körper zur Deckung zurückgezogen.

4.2.   Handballenschlag

49

Im Gegensatz zu einem geradlinigen Stoß ist ein Schlag eine bogenförmige Bewegung. Das Eindrehen der Hüfte und das Strecken des hinteren Beines verleihen dem Handballenschlag die Kraft. Wir holen aus und schlagen in einer bogenförmigen Bewegung von außen die Technik ins Ziel. In der Endstellung bleibt der Ellenbogen diesmal leicht gebeugt und die Fingerspitzen zeigen nach links zur Seite.

4.3. Pressluftschlag

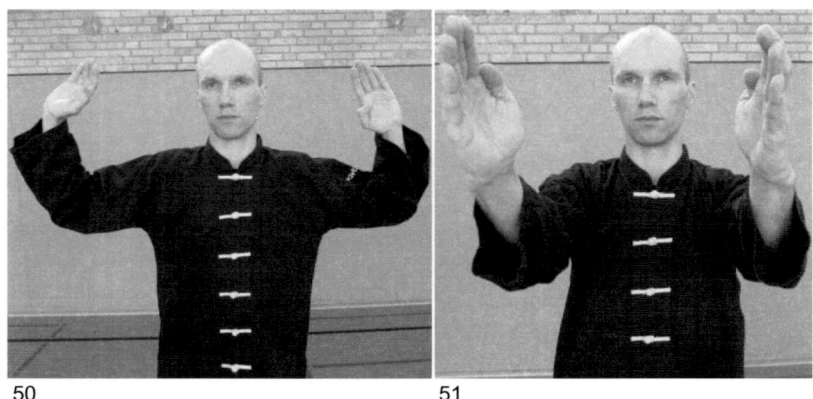

50   51

Die Finger liegen eng zusammen und die Hände sind wie
Löffel geformt.
Wir holen beidseitig von außen aus und schlagen die
Hände synchron nach vorne auf die Ohren des
Aggressors. Der Kopf kann nicht ausweichen und die Luft
wird in beiden Gehörgängen komprimiert, so dass es
zum Platzen der Trommelfälle kommt. Der Betroffene
erlebt eine laute Explosion in seinem Kopf.
Das im Innenohr befindliche Gleichgewichtsorgan wird
ebenso gestört.

4.4. Fingerstiche

Fingerstiche können z.B. gegen die Augen, die Kehlkopfgrube und die Ohrengruben ausgeführt werden.

52

Der **Zweifinger-stich** zielt auf beide Augen. Insbesondere Kontaktangriffe können so gelöst werden.

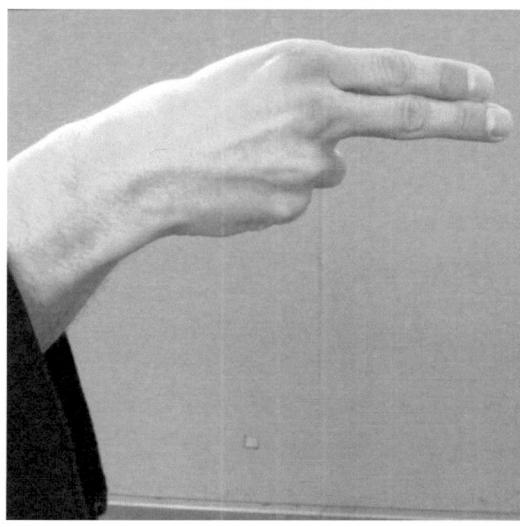

53

Beim **Schwert-finger** werden Zeige- und Mittelfinger zur gegenseitigen Sta-bilisierung zusam-mengelegt, um damit in ein Auge oder die Kehl-kopfgrube vorzu-stoßen.

4.5. <u>Tigerkralle</u>

 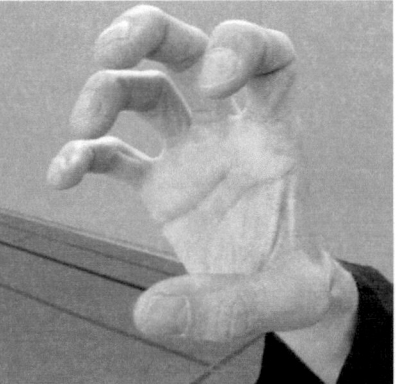

54   55

Die Hand ist geöffnet, die Finger gespreizt und leicht gebeugt. Die Fingerspitzen bilden einen Halbkreis und zeigen nach vorne. Mit dieser Tigerkralle werden die Fingerspitzen nach vorn in das Gesicht des Angreifers gestoßen. Der Stoß erfolgt geradlinig-aufwärts durch Strecken des zuvor angewinkelten Armes. Die Krümmung der Finger ist dabei sehr wichtig, um eine Stauchung zu vermeiden. Lange Fingernägel sind bei der Anwendung dieser Technik kein Hindernis. Werden sie im Notfall in das Gesicht bzw. die Augen des Angreifers gestoßen, sind sie dem Erfolg sogar förderlich. Augen sind sehr empfindlich. Werden sie verletzt, empfindet der Betroffene nicht nur starke Schmerzen sondern ist durch die tränenden Augen in seiner Sicht stark behindert und orientierungslos.
Die Technik kann als Variante auch in den Genitalbereich des Gegners gestoßen werden (umgekehrte Tigerkralle).

4.6.   Handaußenkantenschlag nach außen

56   57

Beim Handaußenkantenschlag sind die Finger dicht
zusammen, die Fingerspitzen leicht gekrümmt und der
Daumen angelegt. So bringen wir eine gewisse
Grundspannung in die gesamte Hand. Auftreff-Fläche
des Schlages ist die Handkante zwischen Handgelenk
und Mittelhandknöchel des kleinen Fingers. Wir holen
aus, indem wir den Arm im Ellenbogengelenk anwinkeln
und die rechte Hand zum linken Ohr bringen. Unter
Streckung des Ellenbogengelenkes und Eindrehen der
Hand schlagen wir die Handkante nach rechts-außen. In
der Endposition ist der Handrücken oben.

Mögliche Angriffsziele sind zum Beispiel die
Halsaußenseiten, der Kehlkopf, der Genitalbereich, der
Bauch oder das Genick.

4.7.   Knöchelfauststoß

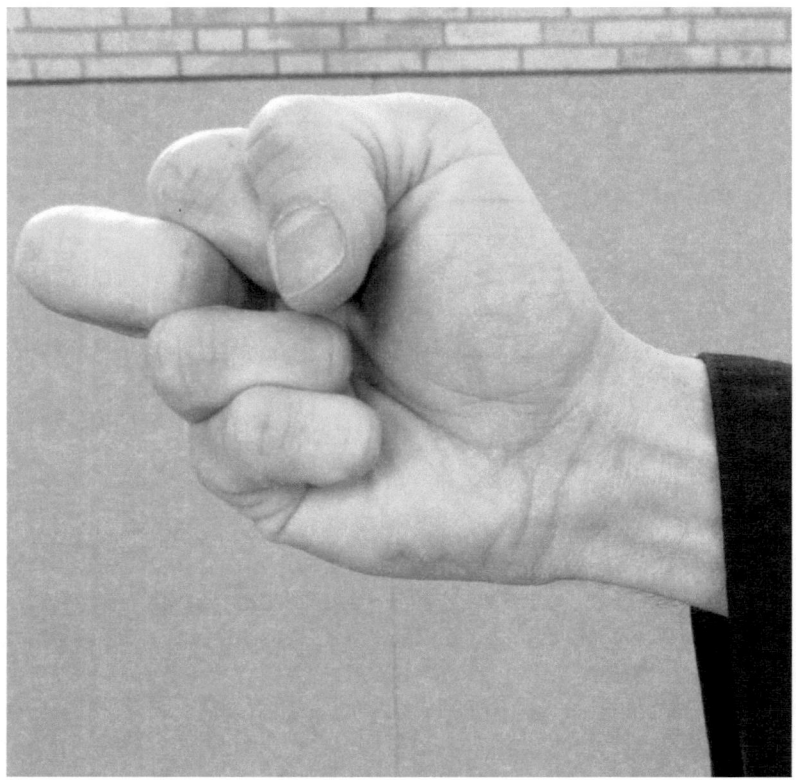

58

Beim Knöchelfauststoß wird der gebeugte/angewinkelte Mittelfinger leicht ausgefahren, damit das zweite Fingergelenk als Auftreff-Fläche verwendet werden kann. Diese schmerzhafte Technik wird auf dem Handrücken des Gegners angesetzt, um einen Umklammerungsgriff oder den Griff einer Waffe zu lösen.

4.8.　　　Hammerschlag

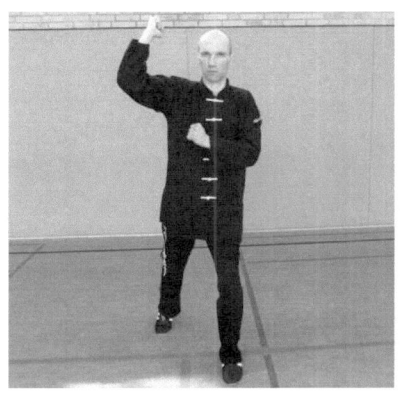 

59   60

Bei der Hammerfaust ist die Auftreff-Fläche die Unterseite der Faust, also die Handkante. Die Schlagbewegung gleicht der Benutzung eines Hammers. Aus der Deckung heraus holen wir mehr oder weniger zum Schlag von oben aus.
Der Schlag erfolgt von oben nach schräg-vorne-unten. Wir können die Kraft durch ein Hineinlegen des Oberkörpers in den Schlag verstärken. Angepeiltes Ziel ist in diesem Fall die Nase des Gegners.

Steht der Gegner bei einem rückwärtigen Angriff hinter uns, so bietet sich der Hammerschlag nach unten in den Genitalbereich an.
Aus der Deckung lassen wir die linke Faust durch Streckung des Ellenbogens nach unten fallen und schlagen mit der Handkante unter Eindrehung der Hüfte nach links in den Unterleib. Der Hammerschlag nach unten ist auch bei einem seitlichen Angriff möglich, siehe hierzu Seite 54.

4.9. Ellenbogenstoß seitwärts

61

Der Ellenbogen- stoß seitwärts ist eine geradlinige, eng am eigenen Körper vor der Brust geführte Stoßbewegung mit der Ellenbogen- spitze verbunden mit einem Seit- wärtsschritt in den Gegner hinein. Anvisiert werden z.B. der Solar- plexus oder der Bauchbereich. Diese Technik ist insbesondere bei seitlichen Kontakt- angriffen geeignet.

62

4.10.   Knieschlag

63

Beim Knieschlag handelt es sich um eine bogenförmige Bewegung von unten nach oben oder wie auf dem Bild 63 von außen nach innen. Der Gegner wird gepackt und fixiert. Das Bein wird mit angewinkeltem Unterschenkel seitlich angehoben, während der Oberkörper leicht zur linken Seite geneigt wird. Der Fuß zeigt mit der Spitze nach unten („Spitzfuß"), um nicht irgendwo hängen zu bleiben. Dann wird die Kniespitze in einem Bogen von außen nach innen ins Ziel gebracht (z.B. auf die kurze Rippe).

4.11.   Fußtritt zum Schienbein

64

Der Fußtritt vorwärts ist eine kurze schnappende Bewegung aus dem Kniegelenk und wird in der Regel mit dem vorderen Bein ausgeführt. Auftreff-Fläche ist bei Vorstrecken des Fußes und Zurückziehen der Zehen der Fußballen. Die Technik wird als Schocktechnik gegen das Schienbein des Gegners gerichtet.

65

5. Verteidigungstechniken / Angriffe
5.1. Armriegel von außen / Handgelenkfassen diagonal eine Hand

66

Der Angreifer erfaßt unser rechtes Handgelenk diagonal mit einer Hand.

67

Wir ergreifen mit der rechten Hand ebenfalls das Handgelenk des Gegners, ziehen den Arm lang an uns heran und platzieren einen Handballenstoß mit links gegen den Kopf.

68
Nach dem Handballenstoß gleitet unser Arm am Körper des Gegners herab. Es wird weiter Zug auf den gefaßten Arm ausgeübt, den wir in unserer Achsel einklemmen.

Wir winkeln den linken Ellenbogen an, verriegeln unsere Hände und üben durch Absenkung der linken Schulter und Anheben des linken Unterarms mit diesem einen Hebel auf das Ellenbogengelenk aus. 69

5.2. Handdrehbeugehebel / Griff ins Revers beidhändig

70   71

Wir werden mit beiden Händen ins Revers gegriffen. Mit der linken Hand sichern wir die rechte, angreifende Hand, gehen einen Schritt mit links nach hinten und schlagen einen rechten Handba lenschlag gegen den Kopf.

72   73

Wir fassen mit beiden Händen die rechte Hand des Angreifers und führen den Arm bogenförmig nach oben.

74
Wir umfassen mit beiden Händen die Hand und drücken mit den Daumen auf den Handrücken, so dass die Hand in Richtung Unterarm gehebelt wird. Sie ist im 90°-Winkel mit den Fingern nach oben aufgestellt.

75
Der Arm wird stets auf Zug und in einem 90°-Winkel zum Körper gehalten. Wir befinden uns so an der toten Seite des Gegners, der uns nicht mit der anderen Hand angreifen kann. Bei Widerstand treten wir mit dem Fuß gegen den Oberkörper.

5.3. Fingerhebel/Fingerpresse / Handfassen

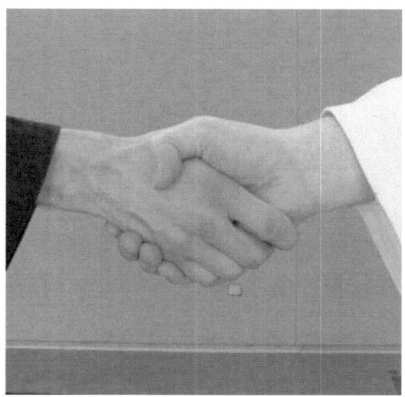

76   77

Unsere rechte Hand wird erfaßt. Dies könnte die Vorbereitung für einen Wurf oder einfach nur ein Quetschgriff sein. Gegenmaßnahme Variante 1: Hebel.

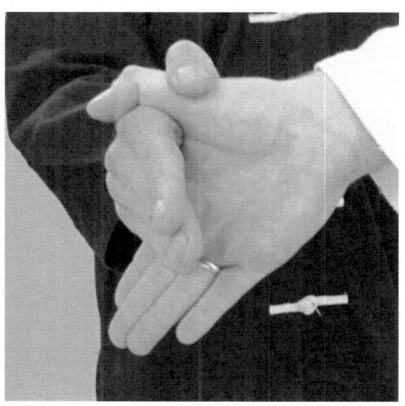

78   79

Ausfallschritt nach Inks-vorne, Eindrehen 90° nach rechts und Einklemmen/Hebeln des gegnerischen Daumens zwischen Daumen und Handinnenkante.

Wir ziehen den Gegner unter Hebelung seines Daumens von ihm aus gesehen nach vorne-unten aus dem Gleichgewicht.

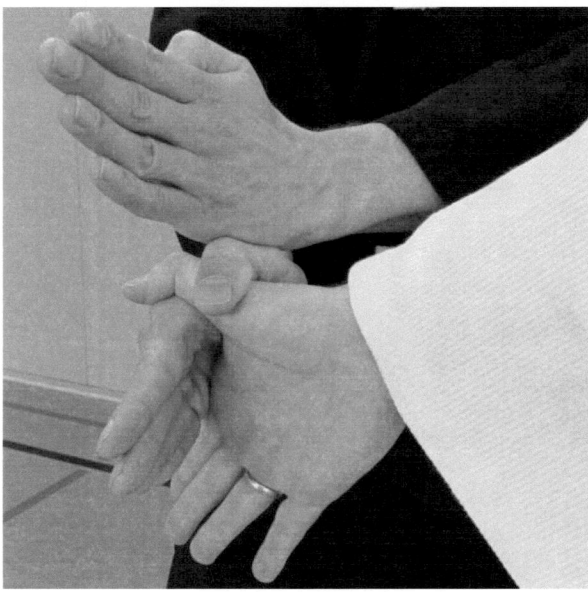

81
Der Hebel wird durch Druck mit der linken Hand-außenkante auf den ei-genen, hebelnden, rechten Daumen ver-stärkt. Gehebelt wird das Daumen-grundgelenk.

82   83

Unsere Hand wird erfaßt. Diesmal wollen wir uns mit
einer Daumenpresse wehren (Variante 2). Wir gleiten mit
unserer linken Hand an unserem rechten Arm mit
abgespreiztem Daumen herab.

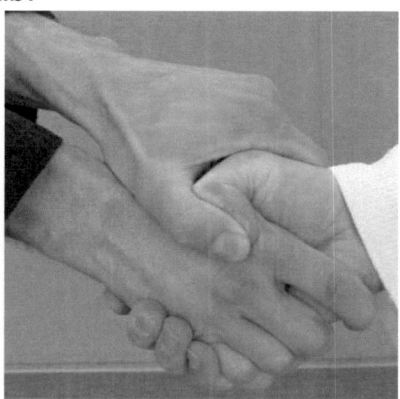

84   85

Unsere linke Hand liegt auf unserem rechten Handgelerk
auf und der gegnerische Daumen wird durch extreme
Anwinkelung zwischen unserem Daumen und unserer
Handinnenkante zusammengepresst.

5.4. Kipphandhebel / Ohrfeige

86 87

Wir stehen uns gegenüber. Der Gegner kommt mit einem Schritt auf uns zu und versucht uns mit einer Ohrfeige zu schlagen. Wir weichen mit einer Schrittdrehung 90° nach innen aus.

88

Mit der rechten Handkante nehmen wir zum Schlagarm Kontakt auf und leiten die Energie mit einer bogenförmigen Bewegung nach unten.

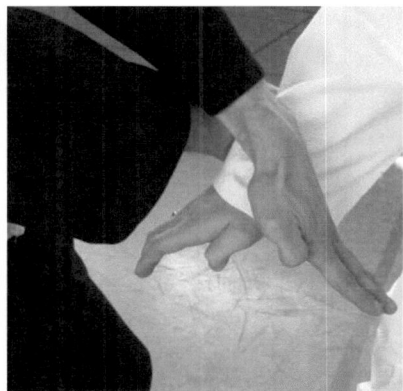

89   90

Wir führen den Arm mit unserer rechten Hand weiter bis vor unseren Unterleib und klemmen ihn da zwischen unseren überkreuzten Händen ein.

91
Wir fassen mit beiden Händen die gegnerische Hand, machen einen Schritt mit dem linken Fuß vor den Angreifer und dann eine Doppelschrittdrehung 180° um den Aggressor herum. Dabei ziehen wir ihn an der Hand ins Ungleichgewicht.

 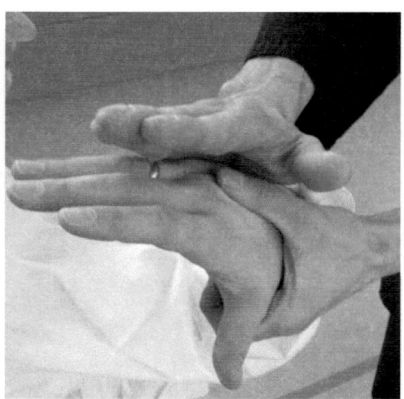

92   93

Die Hand wird in Richtung Unterarm gebeugt und nach links-außen und unten   gedreht. Unsere linke Hand umfasst dabei den gegnerischen Daumenballen, presst mit dem linken Daumen auf den Handrücken in Richtung Unterarm, während unsere rechte Hand gleichzeitig mit der Innenfläche auf der Außenseite der gehebelten Hand ansetzt und diese nach links-außen und unten kippt.

94

Wir kippen die Hand soweit nach links, bis der Gegner aufgrund der schmerzhaften Hebelwirkung zu Boden gebracht wird.

Hier schließen diverse Folgetechniken an, die ab Gliederungspunkt 5.24. auf Seite 94ff. dargestellt werden.

5.5. Genickhebel / Ohrfeige

95   96

Der Angreifer kommt einen Schritt auf uns zu und versucht uns mit einer Ohrfeige zu schlagen.

97   98

Wir gehen mit einem Ausfallschritt nach vorne-links in den Angriff hinein, blocken die Ohrfeige mit einem Unterarmblock nach außen, sichern dann den Schlagarm mit der linken Hand, während wir mit der rechten Hand zu einem Handaußenkantenschlag nach außen ausholen.

99   100

Nachdem unsere Handaußenkante auf dem Hals eingeschlagen ist, packen wir den Gegner und ziehen ihn in einen Knieschlag gegen seinen Oberkörper.

101
Wir setzen unser rechtes Bein vor dem Gegner ab, unsere rechte Körperseite nimmt Kontakt zu seinem Kopf auf, während wir mit unserem rechten Arm seinen Hals umschlingen.

102

Unser rech-
ter Arm um-
schlingt den
Hals und
greift zur
Sicherung in
unsere ei-
gene Jacke.
Durch Auf-
richtung un-
seres Ober-
körpers und
Anheben un-
seres Unter-
armes Wür-
gen und
Hebeln wir
das Genick
unseres
Gegners.

Mit der
linken Hand
sichern wir
seinen rech-
ten Arm.

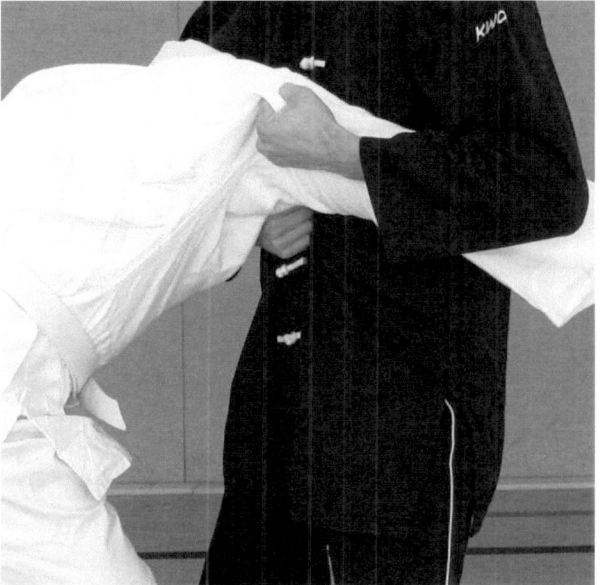

103

5.6. Genickdrehhebel / Körperumklammerung von vorne unter den Armen

104 105

Wir werden von vorne unter den Armen umklammert und setzen sogleich zu einem doppelten Handkantenschlag auf die kurzen Rippen an.

106 107

Nach den Handkantenschlägen setzen wir am Kopf zu einem Genickdrehhebel an.

 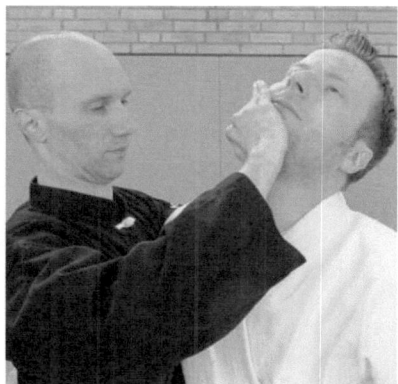

108   109

Die rechte Hand wird mit nach links zeigenden Fingern
auf das Kinn des Angreifers gelegt. Als Gegenlager wird
die linke Hand mit nach rechts zeigenden Fingern im

Nacken
platziert.
Der Kopf
wird mit
einem kraft-
vollen Ruck
nach hinten
gekippt und
dann nach
links-hinten
gedreht.

Achtung:
Lebens-
gefahr!

110

53

5.7.   Handbeugehebel / Würgen von der Seite beidhändig

111   112

Wir werden mit beiden Händen von der Seite gewürgt. Dabei handelt es sich um einen lebensgefährlichen Angriff. Als erste Sofortmaßnahme reißen wir die Schultern hoch und pressen unser Kinn in Richtung Brust. Dies verkleinert die Ansatzfläche des Griffes und erschwert das Würgen.

113

Unsere linke Hand sichert die würgende Hand und lockert etwas den Griff, wir gleiten nach rechts in den Angreifer hinein und schlagen mit einem Hammerschlag in dessen Unterleib.

54

114 115

Nach dem Lösen des Würgegriffes kann die rechte Hand des Gegners zu einem Handbeugehebel aufgerollt werden. Dabei wird die Hand nach außen gedreht bis die Handinnenfläche zum Unterarm und die Finger nach oben zum Himmel zeigen. Wir umfassen mit beiden Händen die gegnerische Hand und drücken mit unseren Daumen auf den Handrücken. Wir gehen gleichzeitig mit dem rechten Fuß einen Schritt rückwärts und ziehen den Gegner nach vorne aus dem Gleichgewicht.

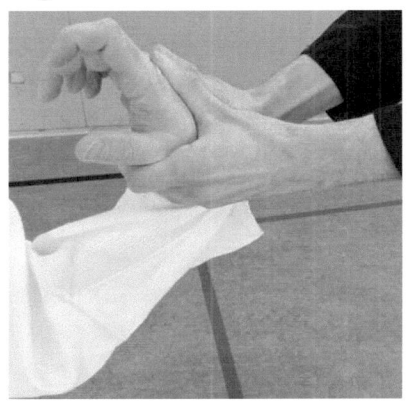 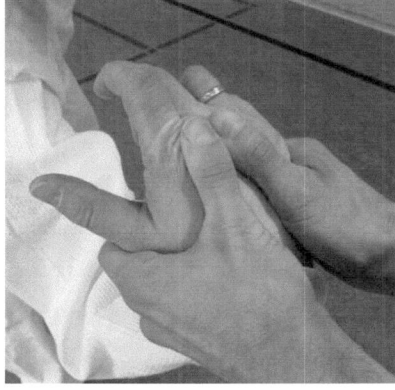

5.8.   Armstreckhebel über die Schulter / Ohrfeige

118   119

Der Aggressor kommt einen Schritt auf uns zu und greift uns mit einer Ohrfeige an. Wir weichen dem Schlag mit einer Schrittdrehung 90° nach innen aus.

120   121

Wir nehmen die Schlagenergie mit einer bogenförmigen Bewegung unserer rechten Hand auf und leiten den Arm des Angreifers nach unten.

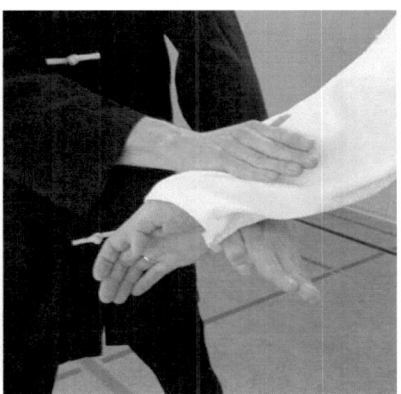

122   123

Wir nehmen unsere andere Hand zur Hilfe und leiten den
gegnerischen Arm an unserem Körper vorbei.

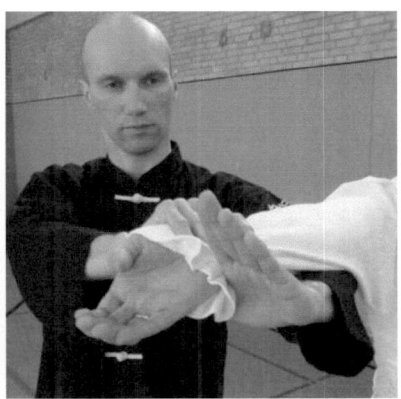

124   125

Wir ergreifen mit beiden Händen das Handgelenk,
strecken den Arm des Angreifers mit einer Zugbewegung
und führen ihn mit unterstützendem Druck unseres linken
Armes unter das Ellenbogengelenk nach oben, wobei wir
mit dem linken Fuß einen Schritt vorwärts machen.

126

127 seitliche Ansicht von Bild 126

Wir gleiten mit dem linken Arm weiter unter den gestreckten Arm des Aggressors, bis dessen Ellenbogengelenk auf unserer Schulter aufliegt und so gehebelt wird.

128

Unser linker Arm ist waagerecht zum Boden, um so ein Heruntergleiten des gehebelten Armes zu verhindern. Drücken wir vorne das Handgelenk herunter, verstärkt sich die Hebelwirkung.

5.9.   Handdrehhebel / Griff ins Revers eine Hand

129   130

Wir werden mit einer Hand ins Revers gegriffen. Unsere linke Hand sichert die fassende Hand, wir gehen mit dem linken Fuß einen Schritt rückwärts und schlagen mit einem rechten Handballenschlag durch das Gesicht.

Mit rechts erfassen wir nun auch die Hand, drehen unseren Oberkörper nach rechts und gehen einen Schritt rechts-rückwärts.

133   134

Wir legen die angewinkelte Hand des Gegners mit dem Handrücken auf unsere Brust als Widerlager und fixieren sie dort mit unserer rechten Hand. Seine Finger zeigen dabei zu unserer linken Seite. Dann platzieren wir die linke Handkante in die Ellenbeuge, machen eine leichte Drehbewegung nach links und drücken dann mit der Handkante auf das Ellenbogengelenk nach unten.

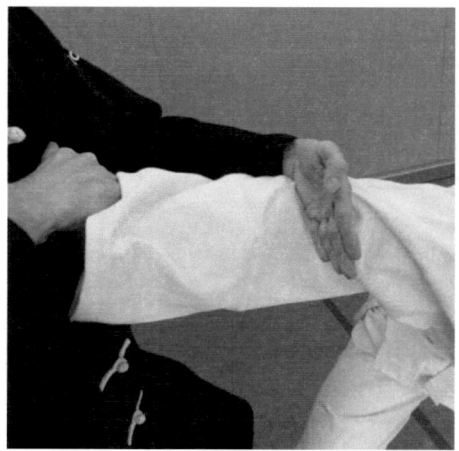

135 Nahaufnahme von 134

Unsere linke Hand drückt nach unten und dreht dabei leicht nach links-außen, während unsere rechte Hand die gebeugte Hand des Gegners entgegen-gesetzt nach rechts dreht. Der Arm wird wie ein nasses Handtuch ausgewrungen.

5.10. Körperstreckhebel / Handgelenkfassen gleichseitig

136   137

Unser linkes Handgelenk wird mit einer Hand gleichseitig erfasst. Schocktechnik: Fußtritt gegen das Schienbein.

138   139

Wir sichern mit der rechten Hand die fassende Hand des Gegners und machen einen Schritt mit dem linken Fuß rückwärts. Wir lösen den Griff und führen den gestreckten Arm in einer bogenförmigen Bewegung aufwärts auf den Angreifer zu.

140

Wir gehen einen linken Schritt vor, fassen mit beiden Händen das gegnerische Handgelenk und klemmen den Arm zwischen Oberkörper und linken Oberarm ein.

141

Wir drücken mit der linken Körperseite auf das Ellenbogengelenk und hebeln so den gestreckten Arm, den wir gleichzeitig nach rechts-oben auf Zug halten.

5.11. **Bauchstreckhebel / Rückhandschlag**

142   143

Der Aggressor geht einen Schritt vor und greift uns mit einem Rückhandschlag an. Wir leiten mit einem großen Schritt eine Doppelschrittdrehung 180° ein.

144   145

Wir nehmen die Schlagenergie durch eine fegende Bewegung mit beiden Händen auf und leiten sie im Rahmen der Doppelschrittdrehung 180° in einer zentrifugalen Bewegung um uns herum nach unten.

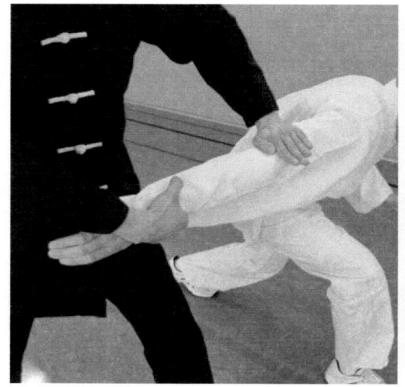

146 Nahaufnahme von Bild 145   147

Mit der rechten Hand fassen wir das Handgelenk und halten den gestreckten Arm unter Zug, während wir mit der linken Hand auf den Ellenbogen drücken (Bild 146). Wir ziehen den gestreckten Arm vor unseren Bauch und begeben uns in die tiefe Reiterstellung (Bild 147).

148 Nahaufnahme von 147

Wir klemmen den Arm des Gegners zwischen Oberschenkel und Bauch ein. Ein fehlender großer Bauch wird durch unsere linke Hand ersetzt, die zwischen Ellenbogengelenk und Bauch geklemmt wird. Durch Herausstrecken des Bauches und Schwerpunktabsenkung wird das Gelenk gehebelt.

5.12.   Handsperrhebel /
einhändiger Griff in die Haare von hinten

149   150

Der Gegner greift uns mit einer Hand von hinten in die
Haare. Wir sichern mit beiden Händen die fassende
Hand.

151   152

Wir gehen mit dem linken Fuß einen Schritt nach vorne
und drehen uns nach rechts unten ein. Dabei drücken wir
die gegnerische Hand fest auf unseren Kopf und drehen
diese mit unserer Drehbewegung mit.

153

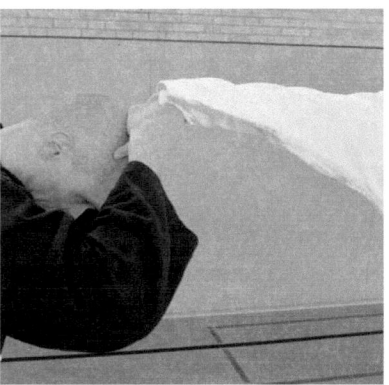

154 Nahaufnahme Bild 153

Wir richten unseren Oberkörper auf, wodurch die Hand in Richtung Unterarm gehebelt wird. Das Ellenbogengelenk wird automatisch mit gestreckt.

155

Unter Beibehaltung des Handsperrhebels lösen wir die Hand aus unseren Haaren und treten dem Angreifer gegen das Knie.

5.13. Handseithebel / Gerader Fauststoß

156 157

Der Aggressor geht einen Schritt vor und greift uns mit einem geraden Fauststoß an. Wir weichen mit einer Schrittdrehung 90° nach innen aus und blocken den Fauststoß mit einem linken Handkantenblock.

158 159

Wir sichern mit der linken Hand den angreifenden Arm und stoßen mit der Tigerkralle in das Gesicht (Bild 158). Dann fassen wir mit beiden Händen die Hand und führen den gestreckten Arm nach oben (Bild 159).

160

Wir umfassen mit beiden Händen die Hand und hebeln die Handkante in Richtung Unterarm. Dadurch zwingen wir den Gegner in die Knie.

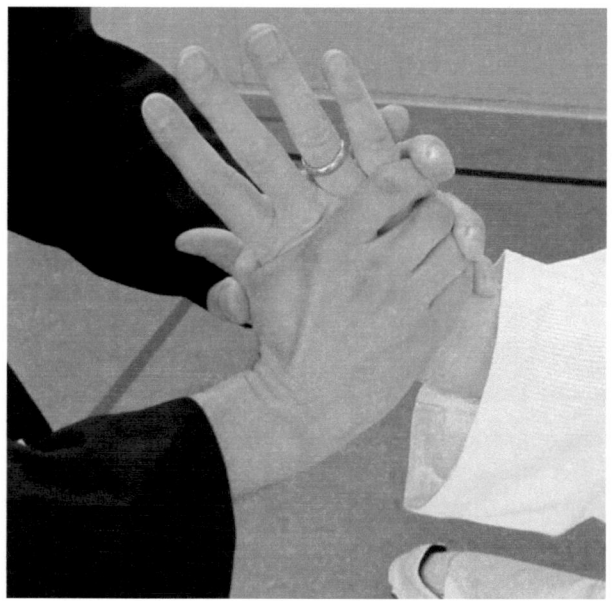

161

Unsere beiden kleinen Finger liegen an der Ellenseite auf den Handwurzelknochen, die durch die seitliche Beugung in Richtung Elle schmerzhaft gepresst werden.

5.14.   Armbeugehebel /
Handgelenkfassen diagonal eine Hand

162   163

Der Gegner erfasst unser rechtes Handgelenk mit einer Hand diagonal. Wir erfassen das gegnerische Handgelenk und halten den gestreckten Arm auf Zug, während wir mit dem inken Fuß einen Schritt nach vorne gehen und einen linken Handballenstoß durch das Gesicht des Angreifers strecken.

164

Nach dem Handballen-stoß gleitet unser linker Arm am Körper des Gegners herab.

69

165   166

Mit unserem linken Arm umschlingen wir in der Ellenbogenbeuge den Arm des Angreifers und wenden uns ihm wieder zu.

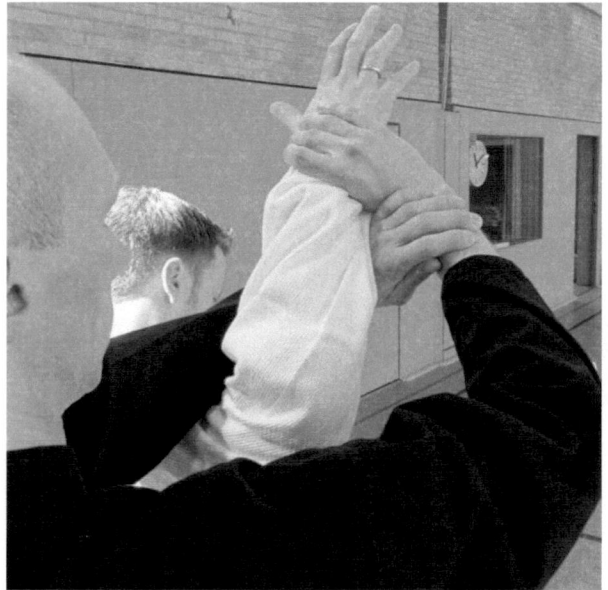

167
andere Ansicht von
Bild 166

Unsere
Hände
werden
verriegelt.

70

168

Wir drehen uns schwung-voll um 180° nach links, beugen den Arm des Gegners und hebeln ihn von uns aus gesehen nach vorne-links.

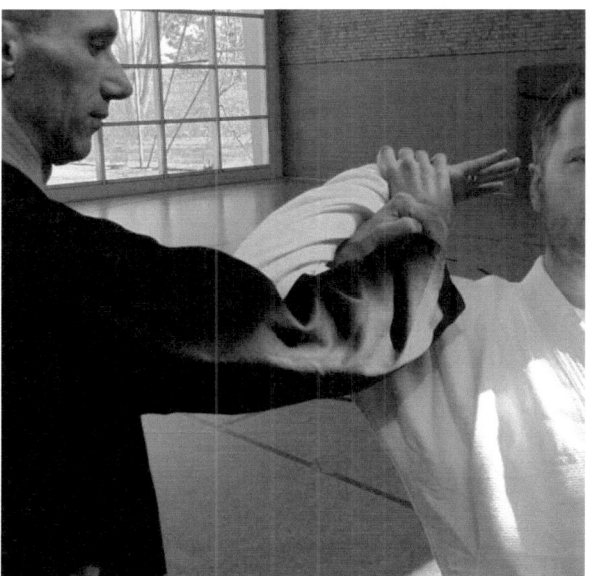

169
andere Ansicht von Bild 168

Ziehen wir den Hebel weiter durch, können wir den Gegner nach hinten zu Fall bringen.

5.15. <u>Handdrehgriff / Handfassen</u>

170   171

Der Aggressor erfasst unsere rechte Hand. Wir sichern die fassende Hand, indem wir mit unserer linken Hand das Handgelenk ergreifen. Gleichzeitig treten wir gegen das Schienbein.

172   173

Wir gehen mit dem rechten Fuß einen Schritt nach vorne, winkeln den Arm des Gegners nach oben an und drehen uns darunter mit 180°-Wendung hindurch.

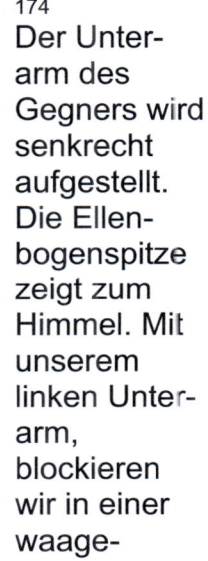

174
Der Unter-
arm des
Gegners wird
senkrecht
aufgestellt.
Die Ellen-
bogenspitze
zeigt zum
Himmel. Mit
unserem
linken Unter-
arm,
blockieren
wir in einer
waage-

rechten
Position an
der Schulter
die
Bewegungs-
freiheit des
Angreifers.
Durch Dre-
hen der
Hand und
Anheben der
Ellen-
bogenspitze
wird gehe-
belt.

175

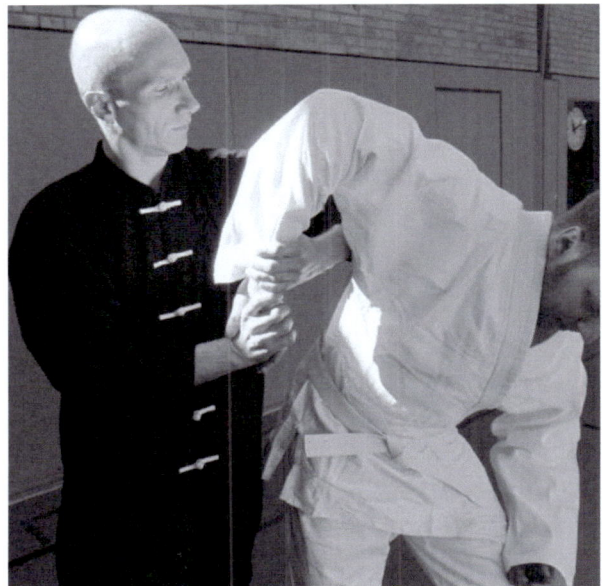

5.16.   <u>Armdrehgriff / Handgelenkfassen diagonal</u>

176   177

Unser Handgelenk wird diagonal mit einer Hand erfasst.
Wir erfassen mit beiden Händen das Handgelenk des
Gegners und treten gegen dessen Schienbein.

178   179

Wir gehen mit dem rechten Fuß einen Schritt nach vorne,
winkeln den Arm des Gegners nach oben an und drehen
uns darunter mit 180°-Wendung hindurch.

180

Der Eingang und die Wirkungsweise von Handdreh- und Armdrehgriff sind gleich und unterscheiden sich lediglich in der Variation der Griffhaltung.
Wir umfassen mit <u>beiden</u> Händen das Handgelenk und verdrehen den Arm.

181

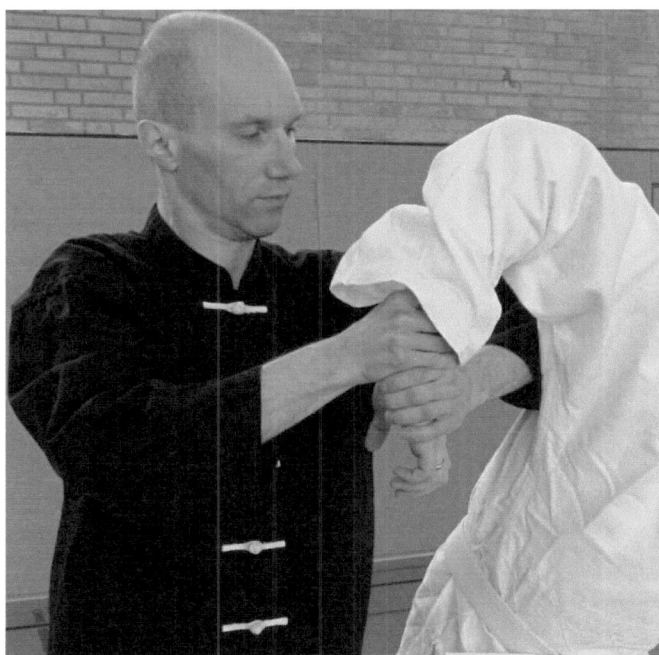

Es wird eine schmerzhafte Verdrehung im Ellenbogen- und Schultergelenk bewirkt.

5.17. <u>Freies Würgen; Rückentransportgriff / Fußstoß vorwärts</u>

182   183

Der Aggressor greift uns mit einem Fußstoß vorwärts mit dem hinteren Bein an. Wir weichen mit einem Ausfallschritt nach vorne-links aus und blocken das Bein mit einem Tiefblock nach außen.

184

Mit der rechten Hand greifen wir in die Jacke und sichern den Angreifer, während wir mit einem linken Handballenstoß in die Nieren schlagen. Wahlweise wären auch Fausttechniken denkbar.

185

Wir machen mit dem rechten Fuß einen Schritt auf den Gegner zu und um- schlingen von hinten seinen Hals mit unserem rechten Arm.

186

Der rechte Unterarm liegt vor dem Kehlkopf, die Hände sind verriegelt und der Gegner wird nach hinten gegen unsere Brust ins Ungleich- gewicht ge- zogen.

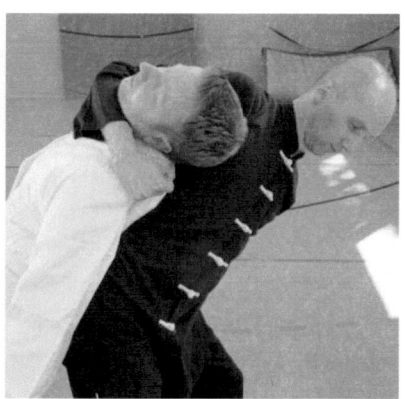

187   188

Nach dem Festlegegriff „Freies Würgen" des Bildes 186 wechseln wir in einen Transportgriff, indem wir die Verriegelung aufgeben, der zuvor würgende Arm weiter um den Hals rutscht, bis der Kehlkopf in der Ellenbogenbeuge liegt und der Gegner auf unseren Rücken in Hohlkreuzlage aufgeladen wird.

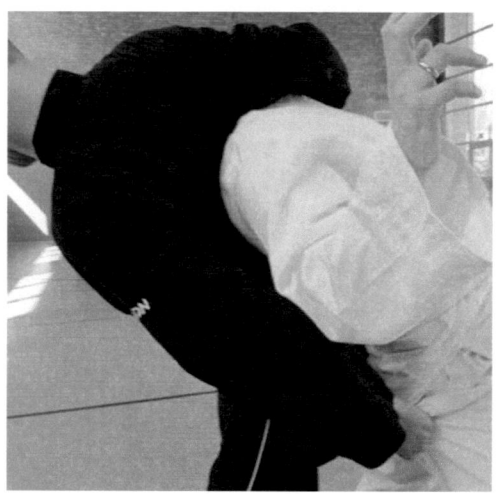

189

Mit der linken Hand greifen wir in das gegnerische Hosenbein, um ihn zu sichern. Der Angreifer kann nun so transportiert werden. Die Hohlkreuzlage in Verbindung mit dem Würgegriff verhindert eine Gegenwehr.

5.18. Drehstreckhebel / Kragenfassen von hinten eine Hand

190   191

Wir werden mit einer Hand von hinten in den Kragen gefasst. Wir gehen mit dem rechten Fuß einen Schritt vor, drehen uns um 180°, holen mit der linken Hand zum Schlag aus und erheben die rechte Hand zur Deckung.

192

Wir gehen mit dem linken Fuß auf den Gegner zu und schlagen mit einem linken Handkantenschlag in dessen Bauch.

193

Wir ergreifen mit beiden Händen das Ellenbogengelenk, strecken den Arm und drehen ihn im Uhrzeigersinn.

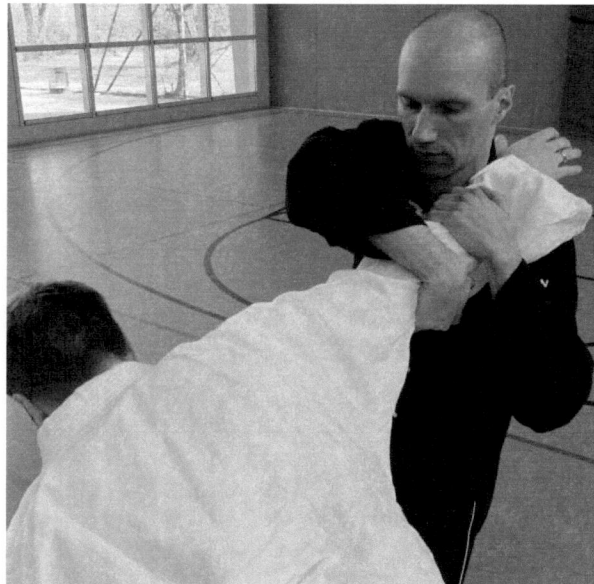

194

Das Handgelenk liegt auf unserer Schulter als Widerlager, während wir den Arm drehen und durch Streckung hebeln.

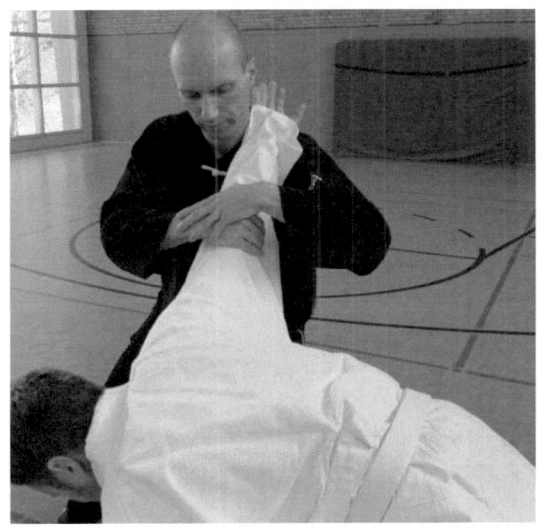

195

In der Endposition zeigen die Handinnenfläche des Gegners sowie dessen Ellenbogen nach oben. Der Arm wird auf Zug gehalten und der Winkel zum gegnerischen Körper beträgt mindestens 90°.

196 a.A. Bild 195

Durch ein Rückwärtsgehen und Druck auf das Ellenbogengelenk halten wir den Gegner im Ungleichgewicht und können ihn am Boden ablegen.

5.19. Grifflösen /
5.19.1. gegen beide Handgelenkefassen von vorne

197 198

Unsere beiden Handgelenke werden von vorne erfasst. Wir gehen mit dem rechten Fuß einen Schritt rückwärts und drehen unsere Hände jeweils von innen nach außen über die Schwachstelle „Daumen" des Gegners.

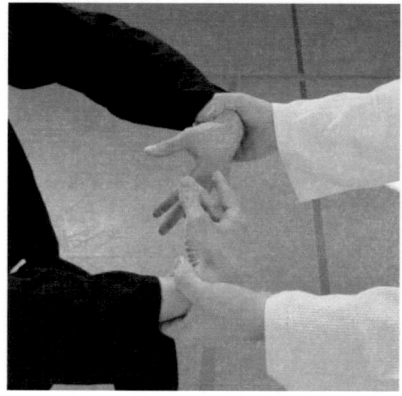 

199 Nahaufnahme von Bild 198 200

Durch die Drehbewegung nach außen wird der Griff gelöst.

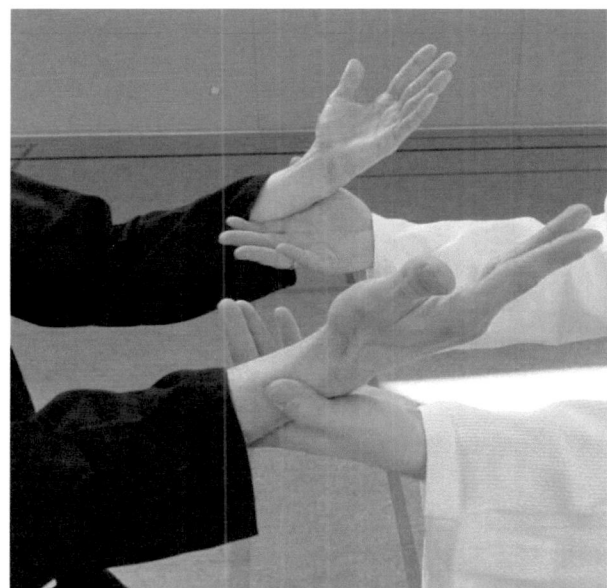

201
Nahaufn. Bild 200

Selbst ein kräftiger Griff kann dieser dynamisch ausgeführten Drehbewegung von innen nach außen nicht widerstehen.

202

Zum Abschluss packen wir den Angreifer und ziehen ihn in einen Knieschlag.

5.19.2. <u>gegen beide Handgelenkefassen v. hinten</u>

203   204

Unsere beiden Handgelenke werden von hinten erfasst. Wir treten mit der rechten Ferse rückwärts gegen das Schienbein/Knie des Angreifers, um die Folgetechniken (Grifflösen, dann Talfallzug) vorzubereiten.

205
Wir setzen den rechten Fuß schräg nach hinten rechts ab, ziehen unsere gefaßten Hände weit auseinander („wir breiten die Flügel aus") und tauchen unter dem rechten Arm des Gegners hindurch.

Nach dem „Untendurch-tauchen" ist der Griff na-hezu gelöst. Als nächstes setzen wir das linke Bein dicht am Gegner hinter seine beiden Beine.

Wir strecken unsere Arme vor den Körper des Angreifers und drücken ihn mit Ein-satz unseres Körperge-wichtes über unser ihn blockierendes Bein. Dabei gehen wir mit zu Boden.

5.20. Nervendruck/Nasendruck / Schwitzkasten von der Seite

208   209

Wir werden von der Seite in den Schwitzkasten genommen. Wir stoßen mit der Tigerkralle in den Genitalbereich.

210   211

Wir richten uns senkrecht auf, greifen mit der linken Hand in das Gesicht des Gegners und lösen mit der rechten Hand den Schwitzkastengriff.

212
Die linke Hand liegt mit den Fingern über den Augen / auf der Stirn, während der Daumen auf der Nasenunterseite aufliegt und dort Druck auf die Nasenscheidewand ausübt.

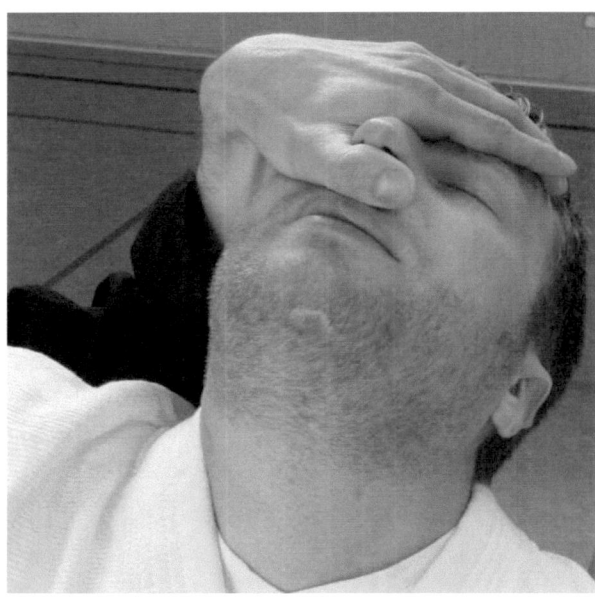

213
Mit diesem Nervendruck kann der Gegner in eine rückwärtige Position (Hohlkreuzlage) gebracht werden. Danach kann er nach hinten abgelegt werden.

5.21.　Knöchelwürge / Griff ins Revers beidhändig

214   215

Der Aggressor greift uns mit beiden Händen ins Revers.
Wir holen zu einem Pressluftschlag aus.

216

Unsere zu
hohlen Löffeln
geformten
Hände
schlagen
gleichzeitig
auf beiden
Ohren auf und
komprimieren
die Luft in den
Gehörgängen.

217
Wir greifen mit beiden Händen links und rechts in den Kragen des Gegners. Dabei zeigen unsere Handrücken nach oben. Dann drücken wir die Hände nach innen zusammen.

218

Mit dem Würgegriff drücken wir die mittleren Fingerknöchel in den Hals und damit auf die Halsschlagadern. Damit wird die Blutzufuhr zum Gehirn unterbrochen.

5.22.   <u>Körperabbiegen / Schwinger</u>

219   220

Der Gegner kommt einen Schritt auf uns zu und greift uns mit einem Schwinger an. Wir gehen mit einem Ausfallschritt nach vorne-links in den Angriff hinein und blocken den Schlag mit einem Unterarmblock nach außen.

221

Wir gleiten weiter an den Angreifer heran (Gleitschritt) und stoßen mit dem linken Arm über die gegnerische Schulter vor.

222

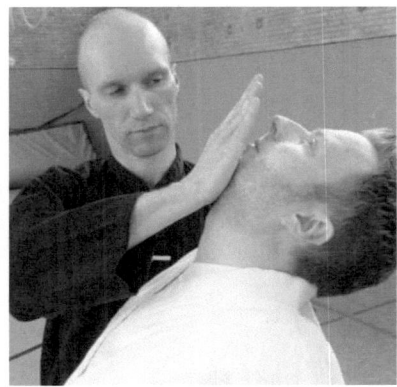

223 Nahaufnahme von Bild 222

Wir schlagen mit dem linken Handballen auf die Lendenwirbelsäule, während wir gleichzeitig mit dem rechten Handballen von unten gegen das Kinn des Angreifers schlagen.

224
andere Ansicht von Bild 222

Durch diese entgegengesetzten Handballentechniken wird der Gegner in eine extreme Hohlkreuzlage und letztendlich nach hinten zu Fall gebracht.

5.23. <u>Armstreckhebel zum Boden / Ohrfeige</u>

225 226

Der Aggressor kommt einen Schritt auf uns zu und versucht uns mit einer Ohrfeige zu schlagen.

227 228

Wir weichen mit einer Schrittdrehung 90° nach innen aus, fegen mit der linken Hand den Arm und schlagen mit dem rechten Handballen auf das Ohr des Gegners. Dann ergreifen wir mit der rechten Hand das Handgelenk und führen den Arm mit Druck auf den Ellenbogen nach oben.

229 andere Ansicht von Bild 228   230

Wir führen den gegnerischen Arm in einer bogenförmigen Bewegung mit Druck auf dem Ellenbogengelenk und unter Zughaltung in Richtung Handgelenk weiter.

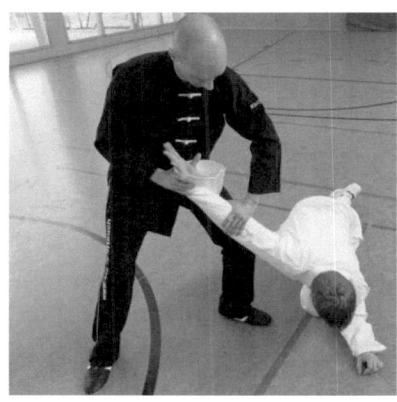

231   232

Wir gehen einige Schritte vor, halten den Arm unter Druck auf das Ellenbogengelenk und Zug nach schräg-vorne, bringen den Angreifer so ins Ungleichgewicht und letztendlich zu Boden.

5.24. <u>Armriegel von innen als Folgetechnik</u>

233

Wir haben nach einem Angriff den Gegner zu Boden gebracht (z.B. wie unter 5.4. auf S. 46 ff., Kipphandhebel nach einer Ohrfeige).

234
Wir lassen uns mit den Knien auf den Angreifer fallen, das rechte Knie auf die Rippen und das linke Knie auf den Hals. Mit unserem linken Arm umschlingen wir den gegnerischen Arm.

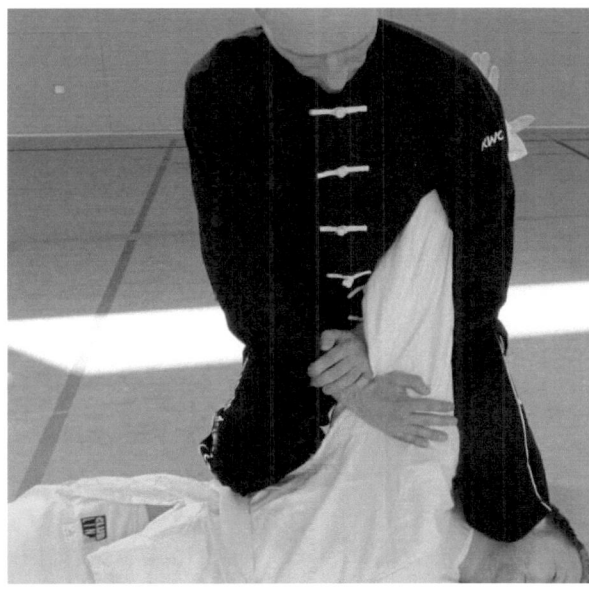

Wir klemmen den Unterarm in unserer Achsel ein und verriegeln unsere Hände. Das gegnerische Ellenbogengelenk wird über unseren linken Unterarm gehebelt, indem wir unseren Oberkörper aufrichten und unseren linken Unterarm so nach vorne-oben bringen.

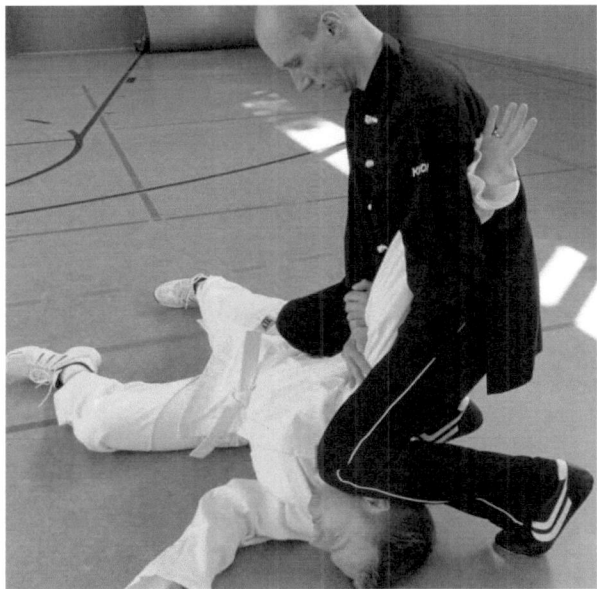

236 seitliche Ansicht von Bild 235

5.25. Seitstreckhebel als Folgetechnik

237

Wir haben nach einem Angriff den Gegner zu Boden gebracht (z.B. wie unter 5.4., Kipphandhebel nach einer Ohrfeige).
Wir halten mit beiden Händen das Handgelenk unter Zug.

238

Wir treten mit dem linken Fuß durch das Gesicht des Gegners und setzen ihn dann eng vor dessen Hals ab. Der Arm befindet sich zwischen unseren Beinen.

239

Unter Zug auf den geg- nerischen Arm legen wir uns nach hinten auf den Rücken. Der ge- streckte Arm ist zwischen unseren Bei- nen einge- klemmt. Durch An- heben un- serer Hüfte und durch eine Bewe- gung des Armes in Richtung Kleinfinger- seite wird das Ellenbogen- gelenk ge- hebelt.

240

5.26. **Kippstreckhebel als Folgetechnik**

 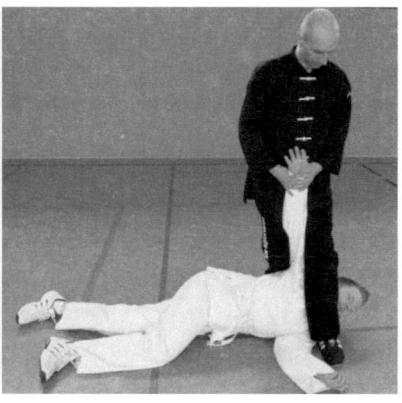

241   242

Wir haben nach einem Angriff den Gegner zu Boden gebracht und halten seinen gestreckten Arm mit beiden Händen am Handgelenk.

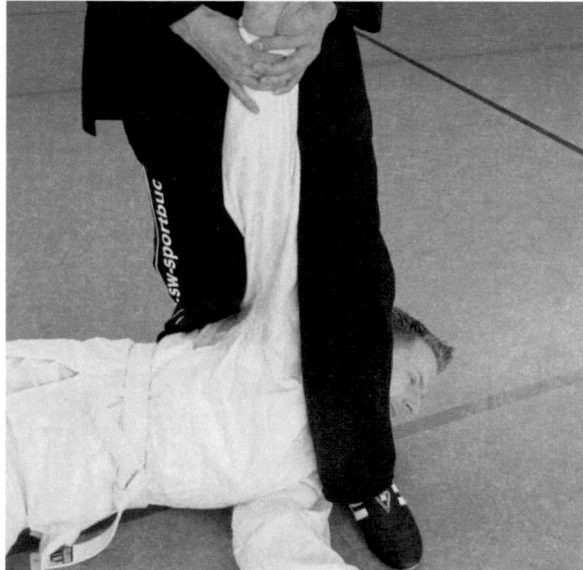

243

Wir treten mit dem linken Fuß durch sein Gesicht und setzen diesen dann eng vor dessen Hals ab. Der Arm befindet sich zwischen unseren Beinen.

244   245

Wir drehen uns nach links ein und lassen uns nach vorne über den Gegner auf die rechte Seite fallen. Dabei klemmen wir unseren rechten Fuß in die Achsel des Gegners und winkeln das Knie an. Unser linkes Bein legen wir über den gegnerischen Arm und strecken es vor dessen Gesicht.

246

Durch das Strecken unseres Beines und vor-schieben unserer Hüfte hebeln wir das Ellenbogen-gelenk. Wir liegen in einem rechten Winkel zum Angreifer.

99

5.27. <u>Kreuzfesselgriff als Folgetechnik</u>

247   248

Wir haben den Angreifer zu Boden gebracht, treten über ihn hinweg und bringen ihn unter Hebelung seines gestreckten Armes mit dem rechten Bein in Bauchlage.

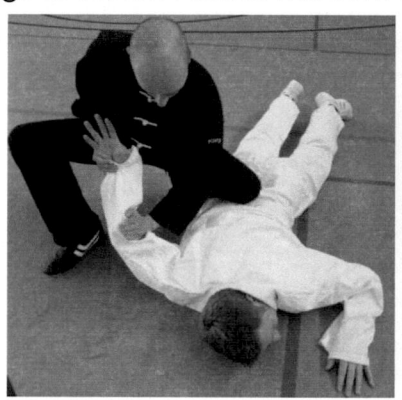 

249   250

Mit dem linken Knie knien wir auf dem Aggressor, um ihn am Boden zu fixieren. Wir schlagen mit der linken Handkante in seine Ellenbogenbeuge, um seinen Arm anzuwinkeln.

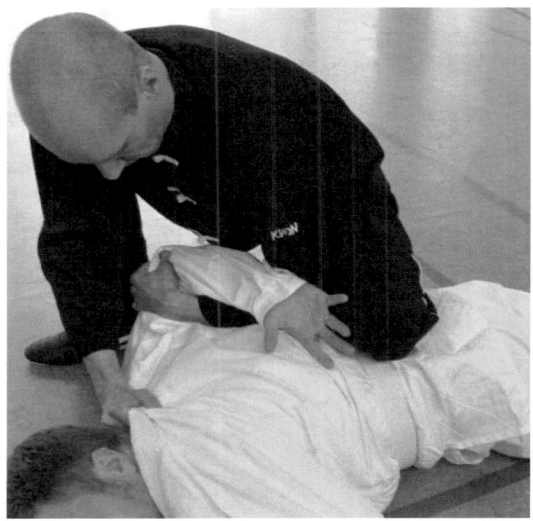

251

Wir erfassen mit der linken Hand die gegnerische Ellenbogenspitze. Seine Hand liegt in unserer Ellenbogenbeuge. Durch Hochschieben des gegnerischen Armes verstärken wir den Hebel.

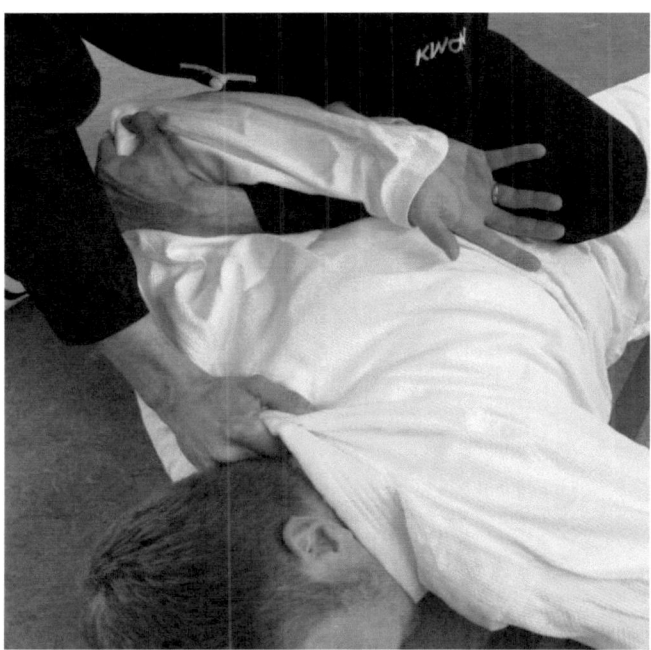

252

Unsere rechte Hand greift als zusätzliche Sicherung in den Kragen.

5.28. Schwertwurf /
Handgelenkfassen diagonal eine Hand

253   254

Unser rechtes Handgelenk wird mit einer Hand diagonal erfasst. Wir treten dem Angreifer gegen das Schienbein.

255
Wir erfassen mit unserer rechten Hand das Handgelenk und ziehen den gegnerischen Arm an uns vorbei. Das unterstützen wir mit unserem linken Arm unter dessen Ellenbogengelenk. Wir drehen uns dabei nach rechts ein.

102

256

257

Wir gehen mit dem linken Fuß einen Schritt vor und erfassen nun mit beiden Händen das Handgelenk.

258
Wir drehen uns weiter nach rechts ein (insges. 180°), führen den geg- nerischen Arm durch Beugung über unseren Kopf hinweg von links nach rechts und tauchen unter diesem quasi durch.

103

259   260

Wir ziehen den stark angewinkelten Arm des Angreifers
weiter nach hinten und können ihn so zu Fall bringen.

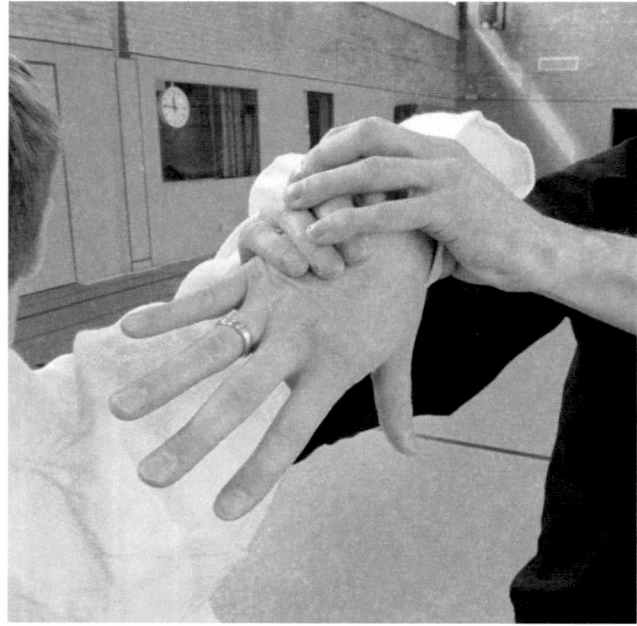

261

Unsere
Beiden
Hände
umfassen
das Hand-
gelenk.
Unsere
Arme sind
in dieser
Phase
gestreckt.

6. Ausführungen zu Notwehr und Nothilfe

In gebotener Kürze und ohne rechtswissenschaftlichen Anspruch soll hier auf die rechtliche Grundlage jeder Selbstverteidigungshandlung mit Hilfe der in diesem Buch gezeigten Techniken eingegangen werden.

Jeder Mensch hat ein durch die Verfassung garantiertes Recht auf körperliche Unversehrtheit. Daraus folgt wiederum, das jedermann sich (= Notwehr) oder einen anderen (= Nothilfe) gegen einen rechtswidrigen Angriff verteidigen darf. Diese Rechte sind in den Paragraphen 32 Strafgesetzbuch (StGB), 227 Bürgerliches Gesetzbuch (BGB) und 15 Ordnungswidrigkeitengesetz (OWiG) niedergelegt.

Die grundsätzliche Aussage in allen diesen Paragraphen ist, dass eine durch Notwehr gebotene Handlung nicht rechtswidrig ist. Wer sich verteidigt macht sich also nicht strafbar.
Notwehr ist dabei diejenige Verteidigungshandlung, welche erforderlich ist, um einen gegenwärtigen, rechtswidrigen Angriff von sich oder einem anderen abzuwehren.

Es muss ein Angriff in Form eines menschlichen Verhaltens vorliegen, durch das eine Verletzung rechtlich geschützter Güter oder Interessen droht. Der Angriff muss gegenwärtig sein, das bedeutet, er muss unmittelbar bevorstehen, begonnen haben oder noch andauern. Rechtswidrigkeit ist gegeben, wenn der Angriff gegen gesetzliche Vorschriften verstößt und für den

Angreifer keine Rechtfertigungsgründe (z.B. seinerseits Notwehr = Rechtfertigungsgrund) vorliegen.
Die Verteidigungshandlung, also die Abwehr des Angriffs, muss erforderlich sein. Sie ist erforderlich, wenn sie geeignet ist, den Angriff sofort und nachhaltig unter Anwendung des relativ mildesten verfügbaren Gegenmittels abzuwehren. Dabei gibt es keine Güterabwägung zwischen dem angegriffenen und dem durch die Verteidigungshandlung beeinträchtigten Rechtsgut. Es besteht für den Verteidiger keine Pflicht zum Ausweichen, denn das Recht braucht dem Unrecht nicht zu weichen.

Als vertiefende Literatur zu diesem komplexen Thema kann ich folgende Empfehlungen geben:

- Rolf Schmidt: Strafrecht Allgemeiner Teil, Verlag Dr. Rolf Schmidt GmbH, Grasberg bei Bremen, 8. Auflage 2009, Seite 119 ff. ;
- Urs Kindhäuser: Nomos Kommentar Strafgesetzbuch, Nomos Verlagsgesellschaft, Baden-Baden, 4. Auflage 2010, Seite 283 ff.;
- Hans Brox, Wolf-Dietrich Walker: Allgemeiner Teil des BGB, Carl Heymanns Verlag, Köln, 33. Auflage 2009, Seite 291 ff.;
- Reiner Schulze u.a.: Nomos Kommentar Bürgerliches Gesetzbuch, Nomos Verlagsgesellschaft, Baden-Baden, 6. Auflage 2009, Seite 204 ff..

Frankfurter Buchmesse 2010

Stefan Wahle und seine Bücher auf dem Verlagsstand
von BOD aus Norderstedt auf der Frankfurter Buchmesse
2010

Besuchen Sie auch meinen Buch-Shop in
Zusammenarbeit mit Amazon unter
www.buch.guru

www.sw-sportbuch.de

7. <u>Buchempfehlungen</u>

„Die 8 Brokate – Qigong by Stefan Wahle"

von
Stefan Wahle

ISBN 978-3-8391-9804-9

zu beziehen über den Buchhandel oder **www.amazon.de**

Die 8 Brokate werden mit über 150 Farbfotos auf Spezialfotopapier im Detail dargestellt. Jeder kleine Zwischenschritt dieser beliebten Qi Gong Form ist erkennbar und auch für Anfänger nachvollziehbar. Ergänzt wird das Ganze durch ausführlich erklärende Texte. Der Autor ist Mitglied im Taijiquan & Qigong Netzwerk Deutschland e.V..

Paperback, 76 Seiten, über 150 Farb-Fotos

Verlag BoD Norderstedt

Preis: 16,99 EUR

8. Vorstellung der Sawah Qigong und Taijiquan Gesellschaft

Die **Sawah® Qigong und Taijiquan Gesellschaft** ist der Fachverband für

- Qigong,

- Taijiquan und

- Kung Fu

im **Sawah® Stil** und betreibt in diesen Bereichen Lehre und Forschung.

®

Internet: www.sawah-qigong.de

E-Mail: info@sawah-qigong.de

Die Gesellschaft hat eine Gruppe bei Xing:
Qigong & Taijiquan Deutschland
http://www.xing.com/net/sawah

Gruppen bei Facebook:
Qigong Deutschland
Taijiquan Deutschland

Seite bei Facebook:
Sawah Qigong und Taijiquan Gesellschaft

Gruppen bei linkedin.com:
Qigong Deutschland
Tai Chi Chuan Deutschland

9. Über den Autor

Trainerqualifikationen und Graduierungen
- Entspannungstrainer, Note 1
- Trainer für Sportrehabilitation, Note 1
- Fitnesstrainer B-Lizenz, Note 1
- Lehrer für Qigong, zertifiziert von TQN und DDQT
- Lehrbefähigungsnachweis Ju-Jutsu, 1990
- Prüferlizenz Ju-Jutsu von verschiedenen Verbänden, erstmals 1992
- 6. Dan Ju-Jutsu, Lehrer für Ju-Jutsu
- Krav Maga Instructor verschiedener Verbände

Wettkampferfolge
- 1. Platz Hamburger Meisterschaft Ju-Jutsu-Formenwettkampf 1992
- 3. Platz Hamburger Meisterschaft Ju-Jutsu Kampf 1995
- 3. Platz Hamburger Meisterschaft Ju-Jutsu Kampf 1994
- 4. Platz Internationale Deutsche Meisterschaften moderne Kata 1997 in Lauenburg
- 4. Platz Deutsche Meisterschaft Ju-Jutsu-Formenwettkampf 1992
- 5. Platz Hamburger Meisterschaft Ju-Jutsu Kampf 1996
- 1. Platz zweiter "happy run" 5 Km Nordic-Walking in Wahlstedt 2010
- 3. Platz German Taijiquan Open 2012 in Hannover
- 4. Platz Wu Wei Cup 2012 in Hamburg
- 1. Platz Sparkassen-Ostseelauf Timmendorfer Strand Nordic-Walking 5 Km 2013
- 1. Platz Stadtwerkelauf Tornesch 5Km NW 2013 - 2015
- 1. Platz Möllner City-Lauf 9,4 Km NW 2014 + 2015
- 1. Platz Jesteb. Volkslauf Walking 10,5 Km 2014 + 2015

Veröffentlichungen
- diverse Sammelbände 2014
- Rückenqigong 2014
- Kurskonzept Frauenselbstverteidigung 2014
- Der fliegende Kranich Qigong in 5 Bänden 2013
- Buch „Die 6 heilenden Laute" 2013
- Buch „Das muskel- und sehnenstärkende Qigong" 2012
- Buch „Sawah Kung Fu Grundtechniken" 2012
- Buch „Shaolin Qin Na Sawah Kuen" 2012
- Buch „Taijiquan für Einsteiger…" 2012
- Buch „Krav Maga - Grundtechniken …" 2012
- Buch „Das Spiel der 5 Tiere" 2011
- Buch „Konzept zur Durchführung eines
  Entspannungskurses…" 2011
- Buch „Die 8 Brokate by Stefan Wahle" 2010
- Buch „Ju-Jutsu Frauenselbstverteidigung" 2010
- Buch „Optimiertes Krafttraining mit der ILB-Methode"
  2009
- Buch „Ju-Jutsu Straßenkampftechniken" überarbeitete
  Neuauflage 2009
- Artikel „Optimiertes Krafttraining mit der ILB-Methode" in
  der Zeitschrift „shape up Trainer´s only", Heft Nr. 5
  2009
- Buchveröffentlichung „Realistische
  Frauenselbstverteidigung" 1994/95
- Buchveröffentlichung „Ju-Jutsu Straßenkampftechniken"
  1993

Auszeichnungen
- Budoka Award der Martial Arts Association 2013
- Ehrenkreuz der Martial Arts Association 2012
- Hall of Fame + Dragon Medal der MAA 2011

- Verleihung der Ehrenmedaille durch den American Ju-Jutsu Landesverband Hamburg e.V. für den Aufbau der Akademie für Frauenselbstverteidigung 1997

Besondere Lehrgänge
- Lehrgang bei Dan Inosanto in Speyer 1996

Tätigkeiten

seit 2008	Fernstudium Fitness an der BSA Akademie anerkannt durch den DSSV e.V.
seit 2001	freiberuflicher Trainer
1993 bis 2001	Landestrainer beim American Ju-Jutsu Landesverband Hamburg e.V.

Mitglied in den Verbänden (Stand 12-2015)
- Taijiquan & Qigong Netzwerk Deutschland e.V.
- Chinesisch-Deutscher Kampfkunstverein e.V.
- Martial Arts Association - Int.
- Deutsche Budo Organisation e.V.
- Zertifizierung durch das Deutsche Trainerregister
- World Krav Maga Association
- Krav Maga Sawah® Organisation Deutschland
- Deutsche Kampfkunst Föderation e.V.
- Deutsches Dan-Kollegium e.V. (DDK)
- Sawah® Qigong und Taijiquan Gesellschaft
- American Ju-Jutsu Landesverband Hamburg von 1993
- F.T.U. Freie Taekwondo Union

Man kann mich als Personal Trainer für folgende Bereiche buchen:

- Muskelaufbautraining mit Geräten,
- Cardio-Training,
- Boxtraining,
- Nordic-Walking,
- Selbstverteidigung,
- Qigong, Taijiquan,
- gemeinsame Entwicklung von Trainingsplänen mit erreichbaren Zielen.

Kontakt:

Stefan Wahle

E-Mail: info@sw-sportbuch.de

Internet: www.sw-sportbuch.de

Fan-Page von Stefan Wahle bei Facebook.com:
http://www.facebook.com/Stefan.Wahle.Autor

Sport Awards der Martial Arts Association 2011

Aufnahme in die Hall of Fame und
Verleihung der Dragon Medal